Lisa Sofie Mros

We are all just walking each other home

18 Poetry-Texte für deine Reise zurück ins Herz

AF221051

Buch

"Lass doch heute mal kapieren, dass Gestern vorbei ist und kein noch so goldener Morgen uns hetzt. Wir unsere Lebensjahre wie ein kaputter Drucker nur sinnlos kopieren, wenn wir nicht endlich leben - und zwar genau jetzt!"

Die Message der Poetry-Autorin Lisa Sofie Mros, Verantwortung für das eigene Leben zu übernehmen und endlich für die eigenen Träume loszugehen, trifft den Nerv der Zeit. Denn es geht nie darum, was uns im Leben passiert, sondern immer, wie wir damit umgehen. Dieser energiegeladene Spirit zeichnet alle Texte in ihrem dritten Buch "We are all just walking each other home" aus. In 18 Geschichten über die kleinen und großen Momente des Lebens teilt Lisa Sofie Mros Denkanstöße und Perspektiven für ein bewusstes, erfülltes und achtsames Sein - mal leise und nachdenklich, mal kraftvoll und mutig, aber immer berührend. Ihre Vision: Nichts weniger als die Reise zurück ins eigene Herz. Ein Gesicht bekommen ihre Worte dank der wunderschönen Kunst von Annabel Kober.

Also los - "Lasst uns keine Zeit mehr verschwenden. Dafür Worte und Gefühle, die tief aus dem Herzen kommen".

Autorin

Lisa Sofie Mros, Jahrgang 1986, wuchs in der Nähe von Hannover auf und studierte Sprach-, Literatur- und Geschichtswissenschaften in Braunschweig. Nach Stationen beim Rundfunk, der Zeitung, im Verlag und in der Öffentlichkeitsarbeit ist sie seit 2015 im Marketing eines großen Audio-Unternehmens in Hamburg tätig. Neben dem Dichten und Schreiben ist das Arbeiten mit Kommunikation und Sprache in der Business-Welt ihre große Leidenschaft, die sie als selbstständiger "Holistic Communication Coach" mit der Welt teilt. Lisas Vision: Mit ihrem Mindset und ihrer jahrelangen Erfahrung in der Kommunikation andere Menschen dabei zu unterstützen, zum begeisternden Botschafter ihrer eigenen Vision zu werden. www.vision-tellers.com

Weitere Informationen zu Lisa Sofie Mros

www.loewenherzstories.com
www.instagram.com/loewenherzstories

Lisa Sofie Mros

We are all just walking each other home

18 Poetry-Texte für deine Reise

zurück ins Herz

Mit Illustrationen von Annabel Kober

Dieses Buch ist auch als E-Book erhältlich.

Bibliografische Information der Deutschen Nationalbibliothek:
Die Deutsche Nationalbibliothek verzeichnet diese Publikation in der
Deutschen Nationalbibliografie; detaillierte bibliografische Daten sind
im Internet über http://dnb.dnb.de abrufbar.

Illustrationen: Annabel Kober

Herstellung und Verlag: BoD – Books on Demand, Norderstedt

ISBN: 978-3-7526-2170-9

Schließ mal die Augen und fühl hinein:

Wir sind immer alle miteinander verbunden.

Jetzt – und auch in leichten Stunden.

Kein Superheld muss je einsam sein.

WILLKOMMEN, ZWEITAUSENDZWANZIG

Warum nicht wieder daran erinnern,

wer wir waren?

Lang bevor sie uns Geschichten erzählten –

von traurigen Verlierern und strahlenden Gewinnern.

warum nicht mal unsere vollen Köpfe ausleeren?

Wie Jackentaschen von zerknittertem Kaugummi-
und Schokoladenpapier.

Raus mit all den fremden Gedanken,

von denen wir dachten, sie seien richtig hier.

Warum nicht jedem Gefühl ehrlich in die Augen
schauen?

Wie ein Paar bei Kerzenschein,

das nicht mehr viele Worte teilt – bei Pasta und
rotem Wein.

Sich endlich mal trauen

und fragen: Gehörst du eigentlich noch zu mir?

Komm, ab heute vergessen wir mal all die Geschichten,

die wir nicht müde werden, uns zu erzählen.

In denen wir uns lange Bärte andichten,

was wir zu tun haben und zu lassen.

Weshalb wir jetzt gegen hohe Mauern laufen müssen,

und Angst haben – vor Abenteuern fernab der Komfortzone, inmitten von reißenden Flüssen.

Weil wir doch hier 'ne Wunde haben

und da ein gebrochenes Herz.

Lass doch heute mal kapieren,

dass Gestern vorbei ist und kein noch so goldener Morgen uns hetzt.

Wir unsere Lebensjahre wie ein kaputter Drucker nur sinnlos kopieren, wenn wir nicht endlich leben – und zwar genau jetzt!

Willkommen, Zweitausendzwanzig.

Ein ganzes Jahr

Hab die ein oder andere Träne

gegen ein Paar Lachfalten eingetauscht.

Bin ins Stolpern geraten und gefallen.

Bin raus und hab die Wellen gesurft.

Bin höher geflogen.

Mit offenem Herzen –

auch bei dunklen Wolken am Himmel.

Hab singend meine Seele frei getanzt.

Hab geträumt

aber viel häufiger die Ärmel hochgekrempelt und
angepackt.

Hab weniger interpretiert, weniger persönlich
genommen.

Dafür mehr gefragt.

Hab fremden Menschen die Tür in mein Leben geöffnet –

und andere gehen lassen.

Hab an dich geglaubt, an uns, ans Leben –

und am meisten an mich.

Hab mit geschlossenen Augen genossen,

gegeben und geteilt, ohne zu erwarten.

Bin so ehrlich gewachsen –

nicht besser oder weiter.

Tiefer.

Hab alte Kapitel beendet

und neue, weiße Seiten aufgeschlagen.

Bin mit hüpfendem Herzen und im Handstand über meterhohe Mauern gesprungen.

Hab mit Sand zwischen den Zehen aufs Meer geschaut

und alte Gedanken raus auf den Ozean geschickt.

Leere Gläser mit Wein gefüllt,

aber noch viel mehr mein Herz mit Liebe.

Hab so tief gefühlt, geliebt und in Augen geschaut.

Hab still dagesessen und zugehört.

Auch, oder vor allem mir selbst.

Allein –

und kein Stück einsam dabei.

Hab mit ganzem Herzen gelebt – jeden der 365 Tage.

Hab noch so viel vor mir.

Danke für all das –

und das Geschenk, hier auf dieser Welt zu sein.

STELL DIR MAL VOR

Stell dir mal vor,

du würdest wieder dieses Band spüren,

das uns miteinander verbindet.

Kein „Meins", kein „Deins", durch das Mauern
wachsen und Nähe schwindet.

Wie Herzen hinter viel zu fest verschlossenen Türen.

Stell dir mal vor,

du würdest verstehen, dass Leben Fülle ist.

Und Mangel sich nur in deinem Kopf satt frisst.

Liebe, Geld, Gesundheit, Glück.

Jeder bekommt vom Leben ein gleich großes Stück.

Mit Option auf Nachschlag, wie am Hochzeitsbuffet,

wenn du dran glaubst – das ist auch schon die ganze
Idee.

Stell dir mal vor,

du würdest begreifen, dass jeder neue Tag wie ein ganzes Leben ist.

Du nie gefangen im Gestern oder Morgen bist,

weil immer alles möglich ist.

Genau jetzt – Wenn du die Entscheidung triffst.

Stell dir mal vor,

du würdest Leichtigkeit statt Schwere leben,

jeglichen Kampf und Widerstand aufgeben,

wie ein Stück Holz mit der Strömung treiben

und dabei in der sicheren Gewissheit bleiben,

dass dir alles zufließt, wonach dein Herz sich sehnt.

Stell dir mal vor,

du würdest verstehen,

du musst gerade nirgendwohin hetzen oder gehen.

Der perfekte Platz ist genau da, wo du bist.

Du musst nicht höher fliegen noch tiefer tauchen.

Weil alles gut ist, wie es gerade ist.

Stell dir mal vor,

der Mensch entdeckt:

Sein größter Schatz ist nicht im tiefsten Ozean
versteckt

oder auf dem höchsten Berg begraben.

Sondern sicher, unter vielen Geschichten und noch
mehr Narben,

am wohl geheimsten Platz der Welt.

Gleich neben Liebe und Schmerz –

in seinem fest verschlossenen Herz.

Ja stell dir das doch mal vor.

WAS UNS GLÜCKLICH MACHT

Und was dich und mich hält,

auf dieser Welt,

ist weder ein dickes Auto

noch ein Sack voll Geld.

Es sind Momente und Menschen,

die uns zum Leuchten bringen.

Wenn wir tanzen und unsere Lieder singen,

die noch auf dem Nachhauseweg

in unseren Köpfen klingen.

HEART RESET

Bei weit geöffnetem Fenster

lieg ich sicher und warm –

diese Nacht in deinem Arm.

Spür deine Hand auf meiner Haut.

Anders als du, ist mir das hier gerade sehr vertraut.

Während dein Herz leise neben mir pocht,

spricht meins plötzlich Klartext –

und das ziemlich laut.

Ich bin gar nicht hier wegen dir.

Oder weil ich das Spiel so lieb.

Und süchtig bin, wenn die Flamme brennt.

Bin eher wie ein kleines Kind,

das vorm bellenden Hund in die Arme der Mutter
rennt.

Hab Umarmungen verteilt

und Küsse verschenkt,

mir dabei den Kopf nach Nähe ausgerenkt

und es mir als „Reicht dir doch!"

verkauft.

Weißt du was?

Ab heute spiel ich ein neues Spiel.

Und dafür brauch ich nicht viel.

Vor allem nicht dich neben mir – sorry dafür!

Hab's kapiert – jetzt wartet die Kür,

die sich dann wohl Liebe nennt.

Ein Elefant für dich

Wär ich ein Elefant für dich,

hätt ich lange Wimpern an weisen Kulleraugen,

würd keins deiner Worte je glauben.

Mit riesigen Ohren und einem dicken Kopf, der nie vergisst.

Keinen Kuss und keins deiner schönen Versprechen.

Aber eben auch kein einziges Herzbrechen.

wär ich ein Elefant für dich,

würd ich eine Elefantenträne vergießen, laut trompeten und dann gemütlich gehen

und mich beim Abschied vielleicht noch ein allerletztes Mal nach dir umdrehen.

SUPERHELDEN

Und wenn wir doch alle aus einem Samen sind,

warum fühlen wir uns dann so oft getrennt?

Als wenn man sich nach Jahren voll Vertrauen und Liebe,

von heut auf morgen nicht mehr kennt.

Glauben so gern, das Leben sei eine einsame Reise

und ein noch härterer Kampf.

Und übersehen, wie es uns auf wundervolle Art und Weise,

immer wieder einlädt zum gemeinsamen Tanz.

Schließ mal die Augen und fühl hinein:

wir sind immer alle miteinander verbunden.

Jetzt – und auch in leichten Stunden.

Kein Superheld muss je einsam sein.

SOMETIMES, HOME HAS TWO HEARTBEATS

Hab eure funkelnden Augen

und eure spitze Nase.

Hab euch in der ein oder anderen Lebensphase

mehr angeschrien,

als in den Arm genommen.

Hab so viel von euch mitbekommen.

Einen ganzen Sack voll Liebe und geschmierter
Brote.

Die Vernarrtheit in die ein oder andere Hundepfote.

Und unzählige Sommer an französischen Stränden.

Dank euch weiß ich, was Familie ist.

Hab Kindheitserinnerungen,

die nachts funkeln,

wie der hellste Stern am Firmament.

Der auch in dunklen Stunden

sicher den Weg nach Hause kennt.

Habt mir eine Handvoll Ängste und Sorgen

aus euren Geschichten eingepackt.

Wollte sie mir nur eine Zeit lang borgen,

war ja schließlich noch ein Kind.

Musste mir meine eigenen Rollen suchen –

hab sie verloren und eingetauscht,

als mir Flügel wuchsen.

Hab heute so vieles und euch kapiert.

Ihr wart immer da – an meiner Seite.

Habt mich beschützt,

mich gestützt,

wenn ich ins Stolpern geraten bin.

Habt mir gezeigt,

dass bedingungslose Liebe ein ganzes Leben hält –

und noch viel weiter.

Ihr habt mir mein Leben geschenkt.

Mich sicher durch das Labyrinth von Moral und
Werten gelenkt.

Und was ich euch schon längst mal sagen wollte, ist,

dass ich euch so dankbar bin,

dass diese zwei Herzen

für immer meine Heimat sind.

Sometimes, home has two heartbeats.

Wie ein Regenbogen

Denk ich an euch,

denk ich an heißen Kakao zum Frühstück

und an dieses warme Gefühl von Heimat und Glück.

Immer, wenn ich euer Haus in der Ferne erkannte

und hastig die großen Stufen hoch,

direkt in eure Arme rannte.

Bei euch waren jeden Tag Sommerferien –

so mit früh morgens ins Freibad,

Zitroneneis und Pommes rot-weiß.

Bis Mitternacht wach bleiben, um jeden Preis.

Und wenn der Mut kurze Zeit später die
Nachttischlampe ausknipste,

gab's da noch diesen sicheren Ort –

in eurem Bett auf der Besucherritze.

Kartenspielen,

nach süßem Nachtisch schielen

und eimerweise Früchte, die vom alten Kirschbaum
ins weiche Gras fielen.

Gemüse essen, das wir nicht mochten.

Lange Zöpfe,

die wir uns in die blonden Haare flochten.

Und Dachboden-Abenteuer,

bei denen unsere Herzen in der Brust laut pochten.

„Was haben wir eigentlich getan,

dass es uns so gut geht?" –

war unser allabendliches Gebet.

Hinter heruntergelassenen Rollläden das vertraute
Geräusch der eiligen Bahn

und wir gemeinsam am runden Abendbrottisch.

Bevor wir, frisch geduscht und in dicke Decken
eingekuschelt,

eine Stunde länger als erlaubt fernsahen.

Dank euch war meine Kindheit wie ein Regenbogen.

Kunterbunt – so mit Filzstiften auf hellem Teppichboden

und verschmiertem Schokomund.

Ich trag zwar heute keine pinken Haarspangen mehr,

aber euch im Herzen und diesen Schatz:

Beides gebe ich nie wieder her.

WE ARE ALL JUST WALKING EACH OTHER HOME

Glaubst du, dass dir Menschen zufällig begegnen?

Dass sie ohne Grund in dein Leben treten.

Oder gibt's da vielleicht einen tieferen Sinn?

Etwas, das du noch lernen darfst – schau mal genau hin.

Jeder Einzelne hat ein Geschenk für dich dabei.

Pack es aus oder lass es zu –

das entscheidest ganz allein du.

Manche bleiben einen Sommer

und manche ein ganzes Leben lang.

Einige verletzen dich.

Viele verärgern dich.

Und mit manchen fliegst du bis zu den Sternen

und über dich hinaus.

Das Leben weiß, wen du gerade zum Wachsen
brauchst.

Mentor, Schüler, Spiegel oder Soulbuddy – such dir
was aus.

Und sei dankbar für jede noch so flüchtige
Begegnung.

Denn das Wunderschöne ist: Sie bringt dich ein Stück
zurück in dein Herz –

zu dir nach Haus.

Cause we're all just walking each other home.

Das ganze Universum in dir

Du wunderschöne Seele,

wo kommst du eigentlich her?

Aus den Bergen oder vom blauen Meer?

Aus Stuttgart, Hamburg oder Celle?

Ich mein nicht die Stadt,

sondern die Quelle.

Wo du alles warst und gleichzeitig nichts.

Ohne ein Paar Schuhe an deinen Füßen,

ohne deine Gedanken oder deinen Namen.

Der Ort, von dem wir alle einmal kamen,

bevor wir uns einen irdischen Körper suchten

und diese Abenteuerreise namens „Leben" buchten.

Diese Heimat, sie liegt in weiter Ferne.

Oben am Himmel und noch viel weiter –

siehst du die funkelnden Sterne?

Die nachts ihr Licht zur Erde schicken

und dabei ehrfurchtsvoll auf uns runterblicken.

Geduldig warten, auf diesen einen Moment,

wenn das Leben ruft und ihnen Zeit auf der Erde
schenkt.

Du und ich – wir alle sind aus Sternenstaub.

Und doch ist's, als hätten wir vergessen,

was wir sind und wieder werden –

nach unserem Intermezzo hier auf Erden.

Sind auf das irdische Leben wie versessen.

Oft blind und auf beiden Ohren taub,

für all die Wunder dieses kostbaren Lebens.

Krallen unsere Finger und Nägel immer und immer
wieder vergebens

in Namen, Menschen und schöne Dinge.

Dabei trägst du viel mehr als deine Geschichten, deinen Körper und dein Haar.

Bist im Herzen den entferntesten Galaxien so nah.

Weil nicht weniger als das ganze Universum in dir wohnt.

Du wunderschöne Seele,

wer bist du ohne all deine Rollen?

Ohne materielles, ohne forderndes Müssen und belehrendes Sollen.

Wenn du Menschen verlierst, Geld, Arbeit und deinen ganzen Stolz.

Du wild paddelnd im Wasser treibst wie ein einsames Stück Holz.

Schlägt dein Herz weiter im Takt mit der unendlichen Schöpferkraft in dir.

Vergiss nicht: Holz treibt immer mit dem Strom, so kommt es weiter.

Keiner von uns ist zufällig hier.

Schau mal nach oben in der nächsten klaren Nacht

und spür die Verbindung mit der universellen Macht.

Mit all den funkelnden Seelen da oben am
Himmelszelt,

die geduldig auf ihren Einsatz warten.

Und vielleicht geht es dir dann ein bisschen wie mir

und dieser Gedanke weckt auch ein leises Lächeln bei
dir:

Das Leben ist wie ein großes Fußballspiel,

so mit Spielzeit und mit roten Karten.

Die Erde ist das Feld und die Ersatzbank klebt am
Himmelszelt.

Jeder bekommt seine Chance und in Erinnerung
bleibt,

wer an sich glaubt und sein Strahlen mit der ganzen
Welt teilt.

Bist du dir bewusst?

Leben bedeutet weder Opferrolle noch einen Koffer
voll Vorwurf und Frust.

Es ist auch kein lästiger Job, zu dem du morgens
widerwillig gehst.

Oder dich ärgerst, dass schon wieder du im Regen
stehst.

Es ist ein riesiges Abenteuer und unbezahlbares
Geschenk,

Sei ab heute wieder dieser kleine, irdische Stern,

der weder Anstrengungen noch Mühen scheut,

dass seine wundervolle Melodie in der ganzen Welt
erklingt,

bevor der Fluss des Lebens ihn zurück nach Hause
bringt.

Und wenn niemand auf der Erde deinen Namen mehr
kennt,

gibt's da noch deine einzigartige Spur aus
Sternenstaub,

hier unten –

und oben am unendlich weiten Firmament.

VERTRAUENSSACHE

Wie ist das eigentlich mit diesem Vertrauen?

Gibt's da ein einfaches Rezept –

wie für veganes Banana Bread?

Rennt man mit oder ohne Fitness-Tracker
hinterher?

Über Stock und Stein, bis runter zum Meer?

Um meterhohe Mauern zu bauen,

sobald man's am Schlafittchen packt?

Komm, Vertrauen ist ja schön und gut –

aber wir wissen doch alle: Kontrolle ist besser.

Ja danke, ist echt super bequem in meinem roten
Sessel hier.

Der sieht auch nur aus wie

geliehen aus der Regie.

Okay, die Lehnen sind schon etwas abgerockt.

Aber ich sitz hier ja auch jeden Morgen, ab halb vier.

Hab Gefühle und Leben fest im Griff.

Nicht falsch verstehen, ich LIEBE

Überraschungen –

als rot-weißes Schoko-Ei mit Sammelfigur beim Aldi
um die Ecke, an Kasse 3.

Ist ja nicht so, dass ich es nicht schon versucht hab,
mit diesem Vertrauen.

Fühlte sich an wie ein Fahrbahnwechsel bei Tempo
170

ohne über die Schulter zu schauen.

Oder Schlittschuhlaufen auf sehr dünnem Eis.

Quatsch, es war wie das Warten auf eine Nachricht
nach dem ersten Kuss.

Oder Radfahren nach 6 Glühwein mit Doppel-Schuss.

Okay, da fühlt man nicht mehr viel außer den Kopf
am nächsten Morgen.

Ich kaufe ein „K" und möchte lösen – es ist:

ANGST VOR KONTROLLVERLUST.

Angst – im Kopf, im Herzen, im Leben.

Wird von Kontrolle genährt und mit Vertrauen gesprengt.

Wie eine rostige Weltkriegsbombe von 1940,

an der tonnenweise Vergangenheit hängt.

Lass deine auch mal los

und die Angst gleich mit.

Lass mal vergessen,

alles, was wir wissen.

Alle alten Gedanken

und die weißbärtigen Geschichten

mit dem Märchen von der hübschen Wunde, die nicht heilen wollte.

Mach mal alle Fenster auf und die Türen auch

und lass die Liebe sperrangelweit rein.

Denn die hat da was im Gepäck,

das schreibt sich mit Vogel-V und wird immer mehr –

wenn du es lässt.

AUSBALANCIERT

Wir heben Gläser voll Wein,

aber nicht unsere Schwingung.

Stecken uns an mit schlechter Laune,

bloß nicht mit Inspiration.

Schauen im Sekundentakt auf unsere Smartphones,

aber nicht nach unserer Energie.

Nehmen die beste Freundin in den Arm,

nur nie unseren Schmerz.

Schenken duftende Blumensträuße, ein Ohr und das Herz –

den Liebsten, nur nicht uns.

Sprechen alle Sprachen der Welt – fließend.

Nur nie unsere eigene Wahrheit.

Wie wär's, wenn wir ab heute:

Jede Sehnsucht ernst nehmen –

wie den ersten Tag im neuen Job.

Träume bis zum Horizont fliegen lassen –

wie rote Luftballons nach dem Ja-Wort-Kuss.

Dankbar sind –

für den Sechser im Lotto genau wie für die Dusche
am Morgen.

Oder das Rascheln der Blätter im Wind.

Lass uns mal:

Seltener in den Spiegel schauen,

dafür häufiger in uns selbst.

Wieder unseren Herzschlag spüren

und unsere Füße, die uns tragen –

nicht erst, wenn sie müde vom Laufen sind.

Uns bewegen – jeden Tag!

Wie das Geld von einem Konto aufs andere.

Glückshormone ausschütten,

wie buntes Konfetti über den runden
Geburtstagstisch.

Keine Zeit mehr verschwenden.

Dafür Worte und Gefühle,

die tief aus dem Herzen kommen.

Gewohnheiten wechseln,

wenn sie uns nicht weiterbringen –

wie ein Navi die geplante Route.

Wir können heute jeden noch so dunklen Morgen
wertschätzen,

wie ein langes, gelebtes Leben –

bei unserem allerletzten Atemzug.

DIE SCHMETTERLINGS-PHILOSOPHIE

Willst du wissen,

wie Leben geht?

Dafür musst du nicht bis nach Indien reisen.

Oder mit weißbärtigen Gurus speisen.

Reis, schwarze Bohnen, Meditationssitz –

lautet die Devise.

Eingeschlafene Beine inklusive.

Fragst du die Grand Dame des Lebens,

Mutter Natur.

Lächelt sie wissend und schickt retour

einen kleinen, blauen Schmetterling.

Der die pure Weisheit in sich trägt

und dir mit etwas Glück

sein Geheimnis verrät.

Kommt als Raupe auf diese wunderschöne Welt.

Frisst nimmersatt grüne Blätter und weiß genau:

Es gibt nichts, was ihn lange in diesem Körper hält.

Entwächst einer nach der anderen Haut.

Trauert nicht, lässt los – und vertraut

auf den Fluss des Lebens

und dass es immer nach ihm schaut.

Fragt sich nur: Was ist gerade zu tun?

Kriechen, fressen oder ruhen.

Jetzt – nicht gestern, morgen oder in einem Jahr.

Ist alles immer für ihn da.

Spürt, wann es Zeit ist, Abschied zu nehmen.

Wenn dieses gefräßige Raupenleben

ihm nichts mehr hat zu geben.

Ist schon alles lange geplant

und das hier die Vorbereitung auf den einen Moment,

der seinen sehnlichsten Wunsch in- und auswendig kennt.

Fliegen – das ist sein größter Lebenstraum!

Von Blume zu Blumen hüpfen

und über hohe Baumkronen bis in den blauen Himmel entschlüpfen.

Diese Berufung hat tief in seinem dicken Raupenkörper gewohnt.

Ihn begleitet, geführt und vor Umwegen verschont.

Denn: Dass aus einer Raupe mal ein Schmetterling wird – das weiß ja jedes Kind!

Warum hören wir schlauen Menschen dann so selten hin,

was unser so viel schlaueres Herz uns sagt?

Wie lautet deine Lebensaufgabe,

hast du dich das mal gefragt?

Die Schmetterlingsraupe hat nur eine Wahl –

wir aber die freie.

Und doch entscheiden wir uns so oft für das Eine:

"1 x Vertraut & Bekannt ohne Wachstumsschmerzen, zum Mitnehmen bitte!"

Tausch heute mal mit diesem weisen Schmetterling.

Blaue Flügel, lange Fühler, riesige Augen –

bekommst du das hin?

Tanz von Blüte zu Blüte und folg in blinder Gewissheit dem tieferen Sinn,

dass alles genau so kommen muss

und wird,

mit nur diesem einen, großen Ziel:

zu sein, wer du im Herzen schon immer warst.

Dann ist der Weg dahin kein harter Kampf,

sondern wird dein absolutes Lieblingsspiel.

49 Schaukelstuhl-Weisheiten meines 80-jährigen Ichs

1.

Vertrauen ist der Anfang von allem.

2.

Jeder Augenblick ist kostbar und kommt nie wieder. Lebe immer genau jetzt!

3.

Verschiebe nie etwas auf später.

4.

Auf der Reise deines Lebens begegnest du niemandem zufällig.

5.

Wenn du dir Sorgen machst, erlebst du den Worst Case gleich 2 x.

6.

Beharrlichkeit führt dich zum Ziel. Wenn dir die
Lebensumstände aber „Falsch! Falsch! Falsch!"
zurufen, lass deine Pläne los und übergib die Führung
an das Leben.

7.

Geh bei schönem Wetter baden. Oder wandern. Oder
setz dich mit einem dicken Eis in die Sonne.

8.

Höre auf die Stimme deines Herzens. Es kennt deine
wahre Berufung.

9.

Alles kommt immer genau so, wie es kommen soll und
am allerbesten für dich ist.

10.

Es sind nie die Erfahrungen aus deiner
Vergangenheit, die dich auf eine gewisse Weise fühlen

lassen, sondern deine Bewertungen und Schlussfolgerungen daraus.

11.

Gestern ist vorbei und morgen noch nicht da. Es gibt nur eine Frage, die du dir stellen musst: Was ist JETZT zu tun?

12.

Mach dir ein klares Bild davon, als wer du diese Welt einmal verlassen möchtest.

13.

Nimm das Leben nicht so ernst – und schon gar nicht dich selbst.

14.

Hör weniger auf deinen Verstand und umso mehr auf deine Intuition.

15.

Humor macht ALLES leichter.

16.

Nimm die Menschen so, wie sie sind. Versuche niemanden verändern zu wollen.

17.

Das Leben stellt dir nur Aufgaben, die du auch lösen kannst.

18.

Hör auf, zu interpretieren. Stell stattdessen die richtigen Fragen.

19.

Sei jeden Morgen dankbar für das Privileg, wieder einen Tag voller Möglichkeiten vor dir zu haben.

20.

Gehe eine lebenslange Romanze mit dir selbst ein.

21.

Versuche nie, die Wünsche und Erwartungen der anderen zu erfüllen. Auch die hübscheste Jeansjacke zwickt, wenn sie zwei Nummern zu klein ist.

22.

Widme dich jeden Tag all den schönen Dingen, die dir und deiner Seele guttun.

23.

Lebe, wann immer es dir möglich ist, im Einklang mit deinem wahren Sein.

24.

Nimm nichts persönlich.

25.

Deine Realität ist immer ein Spiegel deiner selbst. Wenn dir nicht gefällt, was du siehst, ändere nicht das Spiegelbild. Ändere dich.

26.

Hör nie auf zu tanzen, dein Lied zu singen und aus vollem Herzen zu lachen.

27.

Teile dein Geschenk mit der Welt.

28.

Das Leben gibt dir solange dieselbe Aufgabe, bis du sie gelöst hast.

29.

Die Weisheit – alle Antworten auf jede Frage des Lebens – lag schon immer in dir.

30.

Sei achtsam mit deiner Zeit und deiner Energie. Es sind deine zwei wertvollsten Währungen.

31.

Belehre niemanden. Lass einfach dein Licht hell scheinen. Wer bereit ist, wird sich dir anschließen.

32.

Liebe. Immer und aus tiefstem Herzen.

33.

Wenn deine Seele nicht mehr sprechen kann, meldet sich dein Körper.

34.

Wahrheit heilt.

35.

Wenn du einen Menschen verstehen möchtest, wechsele die Perspektive und gehe ein paar Schritte in den Schuhen des anderen.

36.

Dich entscheiden zu müssen ist die Freiheit, die Entscheidung zu haben. In jedem Moment.

37.

Du bist nicht deine Gedanken.

38.

Deine Werte und Ziele sind der Kompass deines Lebens.

39.

Glück wirst du nie außerhalb von dir finden.

40.

Fahr jedes Wochenende ans Meer.

41.

Wie lange glaubst du zu brauchen, um der zu werden, der du schon immer warst?

42.

Hör auf, dich zu vergleichen. Du bist
EINZIGARTIG!

43.

Was möchtest du dir nie vorwerfen müssen, nicht getan zu haben, wenn du mit 80 Jahren im Schaukelstuhl sitzt und auf dein Leben zurückblickst?

44.

Deine Gefühle haben eine Besuchszeit von 90-Sekunden, wenn du sie willkommen heißt und wieder gehen lässt. Nicht von 9 Stunden. Und auch nicht von 90 Tagen.

45.

Gib das, was du dir von anderen wünschst – und erwarte nichts zurück.

46.

Mach die Endlichkeit zu einem starken Motor für dein erfülltes Leben.

47.

Du bist ein Magnet und ziehst an, was du aussendest.

48.

Du vergibst nicht für andere. Du vergibst für deinen Seelenfrieden.

49.

Du kannst. Punkt.

HELLWACH

Manchmal laufen wir zu schnell

für unsere Seele.

Atmen zu flach

für den Orkan an frischer Luft da draußen.

Sehen Grenzen,

den Horizont –

aber nie die Weite des Himmels.

Sind im Gestern,

im Morgen.

Aber nie im Jetzt.

Lassen Momente und Erlebnisse verstreichen.

Vergleichen alles, uns und jeden

und vergessen,

dass alles einzigartig ist.

Dass nichts je so wiederkommen wird.

Lass uns heute einfach mal wach sein.

Hellwach.

Für den warmen Tee.

Den weichen Stuhl.

Das zufällige Gespräch mit einem Fremden.

Und die Herbstbäume.

Für alles, was eben ist.

Weil alles immer nur jetzt ist.

DEIN HERZ

Es gibt da etwas, das so viel schlauer ist als dein
Verstand.
Es pocht laut, wenn es aufgeregt ist
und wohnt direkt hinter deiner Brust.

Manche nennen es das Zentrum der Chakren.
Manche schnitzen es tief ins Holz der Bäume
und andere noch tiefer unter ihre Haut.

Es bricht, ohne je zu zerbrechen.
Und viele verschließen die Ohren vor seiner Melodie
– ein ganzes Leben lang.

Dein Herz.

Es war schon lange vor dir da.

Läuft nie leer,

liebt immer randvoll.

Und irgendwann legt es die hölzernen Stöcke beiseite

und hört auf,

im Takt zu schlagen.

Gespiegelt

Schaust mich mit erschrockenen Augen an.

Sagst, wie leid es dir tut

und Dinge, die man jetzt eben so sagt.

Eine Träne rollt über mein Gesicht, dann Tausende:

„Komm, das meinst du so nicht!"

Dein Herz steht kopfüber,

als meins leise bricht.

Die Kerzen strahlen plötzlich viel heller.

Warum schlägt mein Herz jetzt viel schneller?

Das Kerzenlicht brennt plötzlich noch greller.

Und mein Herz rast viel schneller.

Und wenn ich dich frage,

ob es jemals ein „Uns" gab,

blickst du nur zu Boden.

Das brauch ich nicht,

aber kapierst *du* dich?

Eben warst du mir noch so nah – ganz ehrlich:

Nein, das warst du nie.

Warst ja viel zu beschäftigt damit,

deine Grenzen zu sichern.

Warst mutig, aber hast doch wieder verloren.

Warum schaffst du es niemals und niemals

und endest am Ende

doch wieder und wieder und wieder

alleine.

Die Kerzen strahlen plötzlich viel heller.

Warum schlägt mein Herz jetzt viel schneller?

Das Kerzenlicht brennt plötzlich noch greller.

Und mein Herz rast viel schneller.

Und wenn ich dir sage, dass es für „das hier" nie Platz gab,

blickst du nur zu Boden.

Das brauch ich nicht,

aber kapierst *du* dich?

Du nimmst deine Jacke, drehst dich um,

wie in dem weltschlechtesten Film.

Und ich schrei dir hinterher,

dass du's gar nicht versucht hast.

Gibst viel zu früh auf – wovor hast du denn Angst?

Ich nehme meine Tasche, schau dich an.

Waren wir und all das nur 'ne Lüge?

Oder kann es vielleicht sein, dass du es doch versucht hast?

Aber die Zeit war wohl einfach nicht reif.

Also lass ich los.

Denn du läufst noch weg.

Oder lauf *ich* weg?

Und *du* lässt mich los?

Du bist fort und draußen wird's langsam hell.

Dein Herz ist ruhig –

und meins schlägt plötzlich ganz schnell.

Und was dich und mich hält,

auf dieser Welt,

sind Momente und Menschen,

die uns zum Leuchten bringen.

Wenn wir tanzen und unsere Lieder singen,

die noch auf dem Nachhauseweg

in unseren Köpfen klingen.